Peaux et Scies

Peaux et Scies

Par

Gabriel Hourcade

Vox Aporia, 2015
ISBN: 978-2-8399-1764-3

Table

I. Commencements aléatoires

II. Miroirs sonores

III. Mélange de mésanges aux ailes brisées
Mes Anges
Embourbés dans la fange de leurs langes
Mél*dolor*ange

I. Commencements aléatoires

Faim de la fin

                  Déchainement médiatique

L'idéologie laboure les consciences

                  Pression sur la gâchette

Les ressorts émotionnels s'emballent

                  C'est l'heure des heurts

On déballe l'artillerie

                  Les sillons ensanglantés

S'abreuvent de la douleur

                  Versée et imaginée

APOCALYPSO

C'est la fin du heur

                  Place au malheur

Le véhicule de la souffrance

                  Entame sa nouvelle rotation

L'humain - magma topologique -

                  S'éclabousse dans les canaux

De la terreur

                  Il oublie l'heur de la terre

Précipitant la fin des faims

                  Piège béant

Illusoire révélation

Commencements Aléatoires

Mystérieux, excitant et violent, de l'univers, le trou noir est-il l'aboutissement ou le commencement ?

L'être-ici-et-là forme un arc lumineux qui saupoudre la vallée d'une quiétude de tempête grondante.

En soi-même l'individu est imprévisible, mais en foule, le comportement humain devient formules mathématiques.

Pour avoir un chemin dans la vie, il faut un début et une fin, sans quoi l'être n'est que confusion terrorisée, stupéfiée et anémiée.

Pour comprendre où l'on va et d'où l'on vient, la comparaison doit rapprocher l'arrivée du départ dans un mouvement miroitant.

L'unisson déliquescent irrite au point que lui est préférable un silence de mort.

Quand les pieds boueux quittent la fange pour chausser un cuir animal dernier cri, c'est le signe d'une civilisation parasitique.

Méfiez-vous des portraits d'État, car la raison d'État y investit le moindre pixel, le moindre pigment. Quand il s'agit de l'État, rien n'est neutre, une volonté régalienne est sans cesse à l'œuvre. Méfiez-vous !

Quand une prière sourd de l'esprit, où s'en va-t-elle ? Son onde arrivera-t-elle à bon port ? Y a-t-il des oreilles pour l'entendre ?

Du moment de notre création, dès l'instant de notre apparition, ne sommes-nous pas en route vers la perfection ? Qui blâmer si cette dernière ne se réalise ?

Sans représentations, l'univers se meurt, sans images, la vie se fige, plus rien ne la soutient. Stagnation fétide.

Cantilène du Phalène

Une âme guide-t-elle tes battements d'ailes ?

Une volonté alimente-t-elle ta volition ou n'es-tu que mécanique inanimée et sans passion ?

As-tu un chez toi ou habites-tu continuellement chez les autres ?

La Nuit te donne-t-elle le vertige pour que tu cherches une lueur sous le Toit du Firmament ?

Phalène, pourquoi tourbillonnes-tu autour des ravages incandescents ?

Ivre d'embrasement, pourquoi cours-tu à ta perte avec tant de zèle ?

Pourquoi ? Pourquoi ? Pourquoi ?

Décidément je suis bien trop humain : je pose des questions à tâtons, je cherche de fébriles raisons, j'échafaude de caduques raisonnements, je cherche à comprendre les troubles circonstances de cette vie.

Alors que toi, grêle Icare, délicat voltigeur de l'obscurité, quand tu perçois la Lumière, sans te questionner, tu fonces, tu pirouettes dans le giron des flammes de bougies et les grésillements d'ampoules.

Vacillement, crépitement, tes ailes brûlent et tu t'éteins.

Chute calcinante.

Flocons d'épiderme
Pellicules déliquescentes
Le parchemin de la vie s'effrite
Sous les frictions de l'Alpha et de l'Omega
Grouillement biologique, Chenille déclinante

Et   *Et*   *Et*
Peaux   *Scies*   *Peaux*   *Scies*   *Peaux*   *Scies*

Le burin du Temps coche ses entailles et déroule les entrailles !
Les écailles sèchent au vent ! Marche en avant !
Mu par les Transmutations,
Vermoulu d'agitation,
Douloureuse mue !
Mise à nu émue !

skin !   *skin !*   *skin !*   *skin !*
Shedding   *Shedding*   *Shedding*   *Shedding*   *Shedding*

Le futur rabote le présent
Copeaux semés au composte du passé !
Décomposition lente et agitée,
Pelures de souvenirs,
Essaim de moucherons
Assaillant
Le cadavre du Maintenant !

Et   *Délit*   *Et*   *Délit*
Peaux   *Scies*   *Lent*   *ement*   *Peaux*   *Scies*   *Lent*   *ement*

Étrange rivière où
L'Aval se mire dans l'Amont !
Emportée dans les courants de l'Avant
La promesse de bonheur
S'enfuit dans les méandres
De l'Après !

Chant épique

Au fond d'une basilique, en haut relief, resplendit une mosaïque. Abacules et stolons éblouissants content l'histoire de l'hétaïre et du basilic :

Périphrasée, courtisane des plus raffinées, experte en sémiologie érotique et mystique, un jour n'eût plus la patience d'endurer les grommellements, les nasillements et les ruts pavloviens de Rustre VI, Roi de Logorrhée.

Lasse de n'être que venaison assommée, fricassée et vite baragouinée, une nuit de claire lune où le roi s'en alla chasser, elle quitta la Cité fortifiée et, bien décidée à se venger, s'en fût secrètement à l'Abysse du Chantre Terricole, l'antre où le Basilic rêvait dans un sommeil cryogénique.

Après des heures de descente en spirales, Périphrasée arriva devant le gardien des lieux. Figé dans une pose hiératique et un silence canonique, le Basilic marmoréen attendait, rêvant dans les ondées étheriennes. Malgré le froid, la belle courtisane quitta sa zibeline et fit couler sa robe à terre. N'ayant plus que sa nudité d'albâtre comme apparat, Périphrasée se mit à danser, à virevolter, à réchauffer les lieux de ses tournoiements enivrants et sa voix sibylline entonna alors l'Incantation de la Dissolubilité Asynchrone. Rotation incessante, les gerbes dorées de ses cheveux imitant le souffle chaud du Vent solaire, Périphrasée devint une avec la valse du Cosmos derviche.

Sommé par la danse, réchauffé par le chant, le Basilic sortit de sa torpeur céleste. Ses yeux s'ouvrirent, lueurs flavescentes, et une couronne de flammes se mit à briller sur son front. Il fit jouer ses griffes engourdies contre le sol de granit, sa peau devint rouge comme un tison et son haleine putride embauma l'air environnant. Périphrasée, la nausée au cœur, continua son incantation et manda à la bête de lui octroyer ses pouvoirs le temps d'une vengeance. En échange, elle acceptait de s'unir à la méditation du Basilic, renonçant à son enveloppe charnelle pour le Pèlerinage des Poussières d'Etoiles. La Bête, fort aise de ce marché, fit un pas en avant, étira ses ailes au plus large puis en enveloppa le corps haletant et perlé de sueur de la suppliante. Chaleur impensable, Périphrasée se sentit en ébullition comme la Terre à ses premières heures, bulle de lave. Le don se fit et le Basilic se replia en invitant la courtisane, non plus royale, mais céleste, à accomplir son dernier œuvre.

De retour au château, Périphrasée se mit sous la couette royale et attendit le retour de Rustre. Il arriva tard dans la nuit, îvre du sang de la chasse, la fringale au ventre, un désir tyrannique lui naissant dans le bas-ventre. À la vue de sa courtisane alitée, il se précipita sur elle criant « Viens servir ton Roi venaison de garce ! » Il arracha les draps et se vautra sur elle pour l'enfourcher. Le dard une fois piqué, Périphrasée enveloppa Rustre de ses bras et jambes et serra de toutes ses forces. Elle se mit à rougeoyer, braise ardente, pendant que le tyran, viande braisée, hurla sa douleur, avant de se réduire en cendres. Vengée, Périphrasée exhala le souffle putride du Basilic pour envoyer à tous les vents les restes gris du monarque éteint. Elle se mit alors au centre de la chambre royale et se remit à danser la ronde cosmique, vrillant tellement vite que son esprit se détacha de son corps. Comme une toupille celui-ci perdit lentement sa vitesse avant de tomber. Périphrasée fut projetée dans le Rêve du Basilic et s'en alla sur les vents solaires.

PERMUTATIONS IMPONDERABLES

La vie d'un homme n'est que le songe d'un dieu.
Le songe d'un homme n'est que la vie d'un dieu.
L'homme d'un songe n'est que le dieu d'une vie.
Le dieu d'un songe n'est que l'homme d'une vie.
Le songe d'un dieu n'est que la vie d'un homme.
La vie du songe n'est que le dieu d'un homme.
Le songe de la vie n'est qu'un homme de dieu.
Le dieu de la vie n'est que le songe de l'homme.
N'est songe que la vie d'un homme-dieu.
N'est homme que le dieu d'une vie de songe.
N'est vie que l'homme du songe de dieu.
N'est dieu que la vie d'un homme-songe.

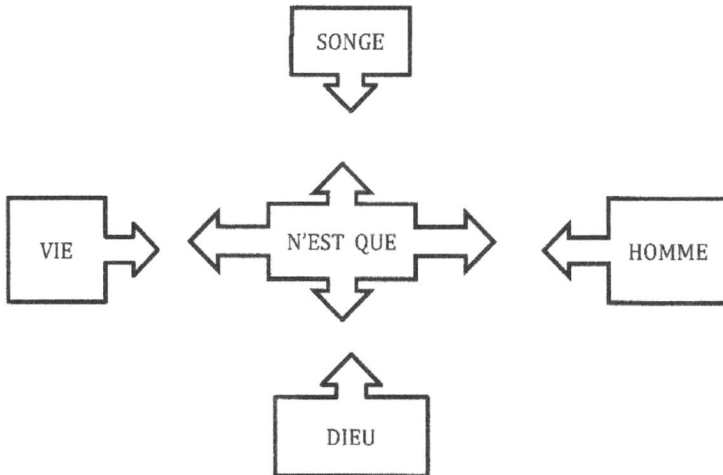

```
              ┌──────────┐
              │  SONGE   │
              │    ⬇     │
              └──────────┘

┌────────┐        ⬆          ┌────────┐
│        │⬇  ⬅ N'EST QUE ⮕  │        │
│  VIE   │⮕                ⬅│ HOMME  │
│        │        ⬇          │        │
└────────┘                   └────────┘

              ┌──────────┐
              │    ⬆     │
              │  DIEU    │
              └──────────┘
```

Je jette l'éponge.

Le huchement du varappeur

Vagabondage sur une lame de rasoir
Yip
Le doute m'assaille, le sale air de la peur veut me dompter
Yop
Décapitation injuste au pesage de la panique
Yip Yop Yep
Grain de folie   Folie du grain
Yip Yop Yep
Un nid de guêpes tente la grande évasion
Le poing dans la poche, le doigt dans la prise
Dur à dire si c'est facile à faire
Objectif lune ou végète à Sion
On a marché pour des prunes ou bien sur la lune

```
                    H
    E               U
        U       U
            U
```

Ciel penchant   Cri fatal
J'aborde le pilier de la déchéance

```
                    H
    E               U
        U       U
            U
```

L'Ecole du rire, courte mais bonne
Va jusqu'en haut, fais-toi peur
Prends la cheminée, les dièdres et les fissures

Yip Yop Yep

```
                    H
    E               U
        U       U
            U
```

La varappe du hucheur

Une peur bleue

La psychose Des pénis

en forme d

engins modulables

gagne l'Europe

à bord de la voiture rose

de

Nouvelles liaisons

avant le premier baiser

n'amusent pas

le

Conducteur indélicat

mal récompensé

d'avoir accusé

Ma folle Virée Entre les fesses

De La sorcière mal-aimée

nuisible

Un

Canard

de flamme

ACHÈVE

Les

faux-semblants

tue

Par amour

Des

miettes

la

FONDUE

culinaire

les légumes moches

boudent

bras de fer

le

Mouton ligoté

initiés à l'art

Secret

du

massacre

à deux pas de

fruits et légumes

menacent

Les Suisses

d'un étrange virus

Je ne suis pas paléontologue
Et ensuite c'est l'heure de la sieste
J'ai regardé votre dossier
Saviez-vous que vous êtes potentiellement capable de focaliser votre psy ?

Attention à l'anomie de la loi, elle vous confondra
La pierre, l'épée, le bâton
Sont trop lourds pour atteindre l'unicorne
Pour m'exprimer il ne suffit que d'un mot
Ruisselant de tous les possibles : ...
Je sens cela aux tréfonds de mon être
Inscrit en caractères ineffables

L'algue est comme l'inflexion d'un adjectif qui modifie un nom
L'océan en prend tout son sens
Le lézard est mon grand-père
Tôt ou tard
On y passe tous
Je suis gérant des ruines où
Viennent paître les bergers alcooliques
En route pour l'actualisation de moi-même
Lucioles de présence absence
Le morceau n'est pas toujours plaisant
Éructation gazéifiée
Et clapotis de conversation
La prairie aboutit à l'immense firmament
Où s'entrecroisent la ruelle et la grande route

Circonscrit par la tactique je m'ensorcelle de stratégie

Fais de ma demeure le lieu d'où tu t'appelleras

Impartialité du panorama

Vipères à l'estomac

Granit
Ma barbe et ma face grisonne au vent
Je suis jeté

Son éminence grise

Libres libres libres
Vous pensez tous l'être

Assenée tisonnée martelée
La liberté est imprimée au fer rouge
Sur le fond d'écran de votre cybercortex

Et pourtant c'est moi qui vous gouverne
Tapis dans l'ombre Desseins sombres

J'épie la face cachée de votre chétive raison
Et me complait dans l'ébullition de vos désirs inconscients
Dégoulinants de refoulement

Êtres raisonnables
Vous croyez être

Et pourtant c'est moi qui décide
Invisible Soleil
J'attise les haines
Je calcine les amours
Je terrasse le libre arbitre et modèle votre ego à souhait
Je suis l'architecte de votre pensée et de vos goûts
Ruelles de sophismes Boulevards dialectiques
Chemins de traverse et Périphériques antiphrastiques
C'est moi qui vous aiguillonne C'est moi qui vous conduit
Aveugles que vous êtes

Ah ah ah qu'il est bon d'être moi

SCIURE
CHIURE
IMMATURE
USURE
RATURE
ECRITURE

II. Miroirs sonores

Miroirs sonores

MIR SON MIR SON

À leurre où

les draps-peaux orgueilleux sont dans Gereux,

          Il vaut bien mieux que nous ayons tout

un chacun

          un drap sans peau.

Je de mots

          Je de maux

Je mens vais suivre les rats-mots d'une logorrhée sur le
rat d'eau de cette pensée, car les radeaux me poursuivent
pour grignoter les rameaux du sens

Et puisé, l'S prit zézayait
S'agaçait devant ce Jeu de maux

Il vaut bien mieux panser

          à la douce heure de tes

saints

          car tu es ma seule console

à Sion

N'oublions pas de

          remercier D'yeux

          Qui est en toutes

          chausses.

Ha muse et vous ! Suivez le doux blé des sonorités !

**Transgressez l'or-taux-g/rafe, tendez votre cou par
delà le feuillage touffu du sens, vidons les tiroirs de ces
déboires sans espoir, transis par le rancis de la règle,
prenez un bain sans Suelle dans la moire des faux-
semblants.**

          en l'air   en l'air.
      en pouet   et que le poux est

C'est ainsi que le poète se transforme

OIR ORES OIR ORES

Le temps qui nous est échu en ce minuscule -hein femme- coin de l'univers est insignifiant, et pourtant il est tout oh si béni que l'infinitésimal légèreté qui émane d'une ridicule poussière quand elle prend vie à nos yeux, lorsque -l'allume hier- est dépecée par les jalousies et que les rayons nettement charcutés mettent en scène le ballet aérien de ces infimes particules qui dansent avec le soleil.

Le temps qui nous est échu en ce minuscule -hein femme- coin de l'univers est balayé par l'étendue de toutes choses, car elle est tendue à la pensée tant elle est dûment écartelée par le Pour et le Contre de chaque question. Si un argument prenait le plus puissant des télescopes pour scruter le fin fond de l'univers, il y verrait son Contraire dans la même position que lui : longnette à l'oeil en train de mâcher un [jus rond] maudissant dans une inquiétante poussée de rage colérique son Extrémité **contra ï riante.**

Il y a assez d'hommes sur terre pour que toutes les opinions inimaginables puissent trouver de partisans, mais toutes ne sont pas constructives pour l'élaboration d'une ligne de conduite, [not'amant] les plus [rat-dit-calle]. La voie des extrêmes est dangereuse par son exclusivité exclusive et la lutte entre deux [Oh pinions] est comme le combat de deux énormes [sous-mots] irascibles de force égale qui s'agrippent aux poignées de graisse de leur adversaire et tirent le plus fort [peau-cible], ce qui fait trembler la corpulence des deux balourds. La tension monte et le tremblement ressemble à de la gelée grise prise de convulsion, confite avec des cendres ⇨

⇨ cendres qui seront bientôt les éponges du sang versé par les coups agressifs de ces deux opposégaux devenus, depuis leur atrophie opinionesque, de vulgaires brutes se débattant dans la boue de leur bêtise. Les 2 combattants entêtés ont les crocs sortis, ils salivent comme des enragés prêts à tout pour la suprématie de leur vue qui regarde par la grande lentille de la LongueVue, croyant y mieux voir. Ils s'essoufflent, s'irritent, s'obstinent à mener ce combat sans victoire. Les narines -soupapes de la colère- font le bruit d'un taureau fou prêt à bondir sur ce qu'il croit être un agaçant toréador, mais il se méprend, car à travers l'Autre, c'est en partie lui-même qu'il va encorner. Comment ont-ils pu oublier les liens qui nous unissent tous, pour s'embourber dans le zèle de la **d o m i n O a t i o n.**

La sueur suinte du gras orgueilleux qui ne suit qu'un sentier belliqueux, le feu les consume de ses flammèches haineuses qui les portent à se quereller, à se frapper, à se bousculer, à se bistarouiller, à se frappahuter et à se chambarouiller la caboche. Cette obstination les emporte sans qu'ils s'en aperçoivent sur les flancs gelés des Extrémités où, pleins d'une vaine fureur, ils glisseront de tout leur poids dans le précipice de la haine et de l'ignorance, tout en continuant à se menacer par des injures de plus en plus débridées de dégradation. Cela jusqu'à la fin de la chute. Tout cela pour défendre une opinion qui s'embrasa et s'éteint aussi vite que la durée de vie d'une allumette.

II,
N'Y
A QUE
LA VOIE
DE
L'HUMBLE MI-LIEUE,
Euh, je veux dire de

La boucle des opposés par le précepte de l'âme ours, euh...
Essayez de suivre la voie réconciliatrice qui soude
Mais cela est-il possible ici-bas ? N'y aura-t-il pas toujours quelqu'un pour se laisser embrigader par l'idée de la justesse de ses opinions et qui brandira son étendard de véracité pour mieux imposer sa vision sur ses prochains, vision forcément microscopique et déformée du monde – n'oublions pas que nous ne sommes que des bêtes avec des [con science] et de toute manière qu'est-ce qu'une opinion d'Homme devant l'Immensité Mystérieuse ? Malgré mon opinion, malgré votre opinion, il y aura toujours un de nos semblables qui n'acceptera pas la différence et voudra s'imposer. L'histoire le montre, cela s'est déjà produit, se produit en ce moment même et se reproduira encore. Quoiqu'il en soit, essayez... Essayez... Essayez de vivre paisiblement avec votre voisin. Essayez...
Euh, je veux dire de l'amour trop souvent mis à sac.
Euh je veux dire de l'âme gourde, euh de lames sourdes,

L'HUMBLE MILIEU
Qui puisse transpercer
Le conflit des
Oh PAUSE EH
Et amener
La
PAIX

Le constat amer du silence

I

Un matin
L'inspiration des perles de rosée s'est évaporée
Avant que je ne puisse la recueillir.
Un vide molletonné s'est décidé à camper dans mon esprit.

Un matin
Un silence étouffé s'est fait entendre
Les mots engourdis n'étaient plus que ce qu'ils sont :

Tâches
        d'encre
                Gribouillis
                        Dactylographiés

Sons   Cris
      Perdus   dont
           Dans   les échos
               le   n'auront pas
                  vent   la chance
                                    du boomerang

Ce silence, c'était le silence du sens. Absence de sensations.

L'au-delà des lettres n'est plus perceptible, mais en fin de compte, l'a-t-il jamais été ?

Les mots ont troqué leur gloriole

Pour devenir de vulgaires babioles toutes ratatinées par le babil décrépit des idylles.

Quel goût amer que cette valse à laquelle le texte se livre

Je crache l'ivresse crasseuse des mots incestueux

Quel goût délétère que cette intertextualité qui ne peut être castrée

Je crache l'incestueuse ivresse des mots crasseux

Sur un air éphémère, Intertex tua Lité sans impartialité

Je crache la crasse incestueuse des mots ivres

Danger chimérique, menace barbarique, barbe à briques, Bar barique

La parole gargarique se glisse dangereusement vers les pics utopiques

Qui mènent trop souvent au casse-pipe.

II

Longtemps

L'encre a peiné à couler, asséchée par les longs étés sourds et arides de l'inspiration.

Où sont passées les pleines fertiles du Verbe ? Où sont les fruits pulpeux de la poésie ?

Où sont les graines de la fantaisie ?

N'était-ce que la fièvre de la jeunesse ? Ceci n'est-il qu'un dernier nuage qui ne lâchera pas son humidité ?

Petit à petit

La source s'est tarie

La terre s'effrite entre les doigts de l'écriture

La rigole de l'écrivain est celle de l'écrit vain qui rigole de

L'érosion toujours plus avancée de l'imagination.

Où sont passés les nuages lourds et sombres du cygne ambivalent, chargés de métaphores prêtes à fondre sur la terre désaltérée ?

Pourquoi cet abandon si long ? Sous quelle latitude la grêle imagée et les arrosoirs de mots ont-ils migrés ?

Je suis si sec que pour être content, il me suffirait de pouvoir dire :

Il pleuvine, il pleuvine, quelle joie divine

Ce serait

Si l'espoir drainait à nouveau mon cœur pour qu'il soit comparable à une poire bien juteuse et pieuse.

Qu'il serait doux d'irriguer les filaments du papier

Pour m'ôter l'arc-en-fiel de la vue.

En l'an X d'un siècle qui n'est qu'un énième domino d'une nouvelle suite millénaire, la pensée qui se pense se regarde misérablement dans les reflets de sa propre textualité. La pensée devient écriture. Elle se reflète sur la page blanche, mais le miroir laiteux lui renvoie sa propre obscurité. L'écriture prend peur, elle se couvre les yeux, serre ses paupières et se bouche les oreilles. Elle se replie sur elle-même et se retrouve dans l'Intérieur du Soi. Mais elle n'est pas seule, la pensée est là qui parle, les mots se font et se défont. L'encre qui est sur la page se liquéfie et se distille lentement dans le réseau veineux des paupières closes. Obscurité. L'écriture confrontée à sa propre inutilité : les mots prennent leurs jambes à leurs cous et sautent par-dessus le bord de la page blanche –

les   gouttes
    mots   de
       inutiles   pluie

tombent dans les gouttières du sens,
          glissent dans le sens des gouttières.

Logique économe-[*hic*] de la gravité monétaire.

En cette année X d'un millénaire mal débuté, les ans tombent sur la surface du temps, comme les épines grillées d'un sapin qui tombent dans la poussière organique du sol. La pensée se mire dans l'art - narcisse désespéré, qui de ses doigts griffe le bleu de la surface ondine et se perd dans le trouble [mort fondu] de son image. Mais quand le reflet réapparaît, voilà que reprend l'effroi de *soi* – conscience douloureuse que les ailes du [cygne] ont été coupées par le piège décevant de l'Idéal (nous ne laissons la majuscule à ce mot que pour ne pas brusquer les sensibilités qui croiraient encore aux mots avec de grandes et belles majuscules). En plein vol, les ailes blanches ont été tranchées nettes par le vent spadassin de l'Idée et elles sont tombées sur le sol d'une forêt au début du printemps, parmi la neige sale et les aiguilles brunes des sapins. Bientôt elles seront prises dans le grand branle de la nature, dans la mastication organique de la matière. La littérature, comme le ver cadavérique, se nourrit de la chair en décomposition des ailes du [signe] blanc. De même, le tronc de l'oiseau, tombé un peu plus loin, est disputé par des loups ameutés par l'odeur du sang. Les restes du cygne se retrouvent en lambeaux par le travail des canines, la faim féroce a fait s'envoler quelques plumes tâchées de sang. La chair est ingurgitée et l'estomac fait son travail de digestion pendant que le loup rassasié s'allonge le ventre au soleil et s'ouvre aux rayons calorifiques.
Quelques heures plus tard, le loup se lève paresseusement et fait quelques pas. Il tend le cou vers l'avant, la queue et les oreilles pointées vers le ciel : son fondement se relâche et le fruit de la digestion se déverse sur le sol. Voilà la littérature devenue purin : vitamines pour fleurs, lieu de rencontre pour mouches, fourmis, asticots, et qui sait, peut-être même pour les chenilles poilues, matrices écoeurantes des papillons éphémères…

III

Mélange de mésanges aux ailes brisées
Mes Anges
Embourbés dans la fange de leurs
langes
Mél*dolor*ange

Elle et Lui

Elle et Lui
Deux mots qui paraissent anodins.
Quatre et trois lettres
Associées, ayant leur place dans l'alphabète.

Rien d'extraordinaire, banal, juste deux mots.

Et pourtant
Ils
Sont
Amants,

Amants lettrés qui vivent leur passion
Par l'écriture et les formes:

Grande et petite,
Ee tendent leur filet charmeur,

L

S'y laisse prendre, conquis par les Belles.

U,

Grand ouvert, la prend dans ses bras,
Elle frémit sous les caresses,
Volupté.

i

Aime à se faufiler entre les deux l compréhensives,
Toujours là pour le consoler.

Rien d'extraordinaire, banal, juste deux mots.

Il est temps de les quitter.
Laissons-les retourner dans

L'intimité.

Par deux fois

Le mage est descendu dans les plaines encastrées
Où sur le grand chêne du Temps, il s'est pendu.
Les signes alignés, grand oracle de peine,
La vérité astrée se montrer a daigné.

Limpide, le secret de la vie s'est mis à nu.
Et
La vie a emporté la vie.

Le pèlerin exténué des temps damnés
S'est approché de l'obscur abîme entraîné
Par son instinct. Là, l'Ange est sorti des arcanes
Recouvert de givre et de poussière de mânes.

Par la brèche nouvellement ouverte, le voyageur a vu.
Et
La vie a emporté la vie.

Terrifiante, par deux fois la vérité s'est montrée
Sans laisser de trace.

Un inconnu

Au printemps sous le soleil il se réveilla
Et seul sur l'infini firmament il veilla.

L'été, sous le signe de la malsaine lune,
La folie l'atteignit, allongé sur la dune.

En automne, à la vue de la blanchâtre écume,
Il plongea dans le reflet du lac "Amertume".

En hiver, l'ange de nuit par pitié le prit.
Il partit à jamais dans l'immortel oubli.

Le crayon s'aventure fébrilement
Sur la feuille de papier blanc. Doucement
Dans le désert froid, des formes se dessinent,
Rondes, fines, belles et allongées.
La mine n'hésite plus, plongée
Dans son oeuvre, hardie et maline.

Face à l'hostilité de la neige, pour se réchauffer, elle a
construit un abri formé

De mots résonnant à l'infini:
Et le petit poème est fini.

"Partir, c'est mourir un peu
C'est mourir à ce qu'on aime
On laisse un peu de soi-même
En toute heure et en tout lieu."
                    Edmond Haraucourt

Un poète, dans un beau vers sage,
Révèle un fait qui rend malheureux :
"Partir c'est mourir un peu".

Mais pour tourner cette triste page,
On peut chuchoter à notre cœur :
C'est aussi renaître ailleurs.

moi

Implosion sourde
Dont seul je connais l'existence
La peau retient
Le bruit de l'agitation interne
L'âme reste seule
Culbutée dans les courants du vertige
Elle veut sortir
Et cherche la bouche de son corps

toi

L'inconnu distant
Un monde éloigné
Avec ses gouffres
Et ses montagnes
Ses sols arides
Et ses plaines fertiles
Tout entière tu
Restes à découvrir

Encore faut-il que Moi trouve une passerelle
Vers Toi.

Un poëte et sa femme

Dans une petite chambre mal éclairée, un homme est penché sur un bureau rustique, une plume à la main. Il lit à voix haute ce qu'il vient d'écrire :

Poëte humain je suis, c'est cela mon métier,
C'est comme être rentier ou encor'ouvrier.
Je travaille sur l'échafaudage métrique
Pour la construction d'un ouvrage syllabique.

Je cherche les secrets enfouis des belles flammes
Qui, murmurés, sauront réjouir les tristes âmes.

Je cherche des trésors oubliés, inconnus
Qui feront frissonner les corps qui seront nus.

Je cher...

Un fracas éclate, la porte s'est ouverte violemment et a claqué contre le mur :

Espèc'de bon à rien, tu vaux mêm'pas un clou
Et tes jolis mots ne donneront pas le sou,
Car tu n'es pas avocat ou politicien.
Leurs paroles à eux au moins elles val' du fric,
Toi tu ne mériterais qu'un bon coup de trique.
Arrête de rêvasser, occup'toi des tiens.
Trouve-toi un boulot,
                              Où j'te coupe au ciseau !

Sous le charme de la menace, l'homme répondit :

Tu es une poëtesse,
Sublime par ta sagesse.

Et il lui donna un baiser furtif sur la joue, et s'en alla vite pour éviter un nouveau tourbillon de colère.

Instant de création

Dans les rues éparses et magnifiques, la perle
Bleue roule dans la pente s'éloignant des cieux.
Bloquée par un pavé, elle lève les yeux,
Mais ne voit pas les ailes blanches qui déferlent :

L'oiseau s'est envolé, le silence irisé,
Quittant un simple lac pour une mer béante.
Fuite créatrice vers la divine amante,
Fuite salvatrice des instants divisés.

Vol du bleu fade au bleu intense sans usure,
L'oiseau ivre s'est perdu dans l'immense azur.

Instant de bistrot

Si simple, silence fait de sons quotidiens.
Un jour, silence d'un moment qui est le mien.

Tabac se consumant, filaments de fumée,
Tintement de ma cuillère sur une tasse,
Tournoiement sans fin d'une apparence qui passe.
Petit instant de paix, minute tant aimée,
Moi, assis dans le confort rustique d'un siège,
Un bruit, un courant d'air, se referme le piège:

Brusquement, braillards, dix gaillards entrent en gueulant,
Brisant avec succès un idéal troublant.

Odeur

Dans les bois fermés le sang va bientôt verser.
Le noble cerf est tombé, se cassant la patte.
Triste il attend sa fin, par les siens délaissés.
Le loup gris l'a senti et s'élance avec hâte,
Excité par l'odeur vive de la douleur,
Par l'odeur intense de la proie qui a peur.
Le cerf voit le loup s'approcher comme un éclair,
Les crocs déchiquettent et les cris sont d'un seul coeur.
La mort, la vie, le sang, tout devient une odeur.
Enfin commence le carnaval de la chair !

LE VOYAGE

De la vie, l'aurore dessine le grand port
Déjà mouvementé et turbulent. Les gens,
Excités, montent à bord des beaux bateaux d'argent
Qui navigueront vers l'ultime point : le nord.

Du fond du quai doré, je les vois s'éloigner,
Ils partent pour le voyage de la sagesse.
Par un clair amas de mouettes accompagnés,
Ils briseront des épreuves la vague épaisse.

Un périple pour laisser une humaine trace,
Pour découvrir, s'imprégner de la vérité.
Un périple pour effacer l'absurdité,
Mais pour moi, sans regrets, il n'y a plus de place.

Ma triste sympathie j'offre à ces voyageurs
Avant de me retrouver seul face à ma peur.
Ils ont disparu dans ces espaces latents
Et je suis resté seul à l'aube de mon temps.

Un chant gai

Froid Très froid
La bise s'est levée éteignant tous les feux
L'hiver est venu
Pour combien de temps
Un corps inerte des yeux qui veulent fuir
L'eau se glace et les glaçons naissent
Ils grandissent et atteignent la masse
Le corps est meurtri troué par les lances gelées
La vision ne peut que regarder le froid

Froid Très froid
Mélange de rouge et de bleu pâle
Dans l'élément figé

Tout est fin

Cellule mentale

Une goutte
Tomb   Retomb
     e   e

Et la voûte
Vrrromb   Succomb
     e.   e.

Oui, obscure
Tortur
     e

Que ce bruit
Si vid
     e

Dans la nuit
Humid
     e.

Dis, géôlier
Mental,
Où est la clé
Du mal?

Faiseurs de vers

- Un peu de métal-vers à mettre dans le moule
A faire un vers et j'en sors une rime : poule,
Qui termine un alex-andrin fluet qui coule.
        Et cela sans recherche !

- Pauvre sot ! Faire un vers ce n'est pas mécanique,
Ni bourrique ... Tant mieux si mes dires te piquent.
C'est très joli un vers bien rythmé et tendu,
Mais parfois plus encor quand il est décousu.
        Il faut de la recherche !

S'insinuer en silence dans le là-bas !
Des idées tout là-bas, tellement tout en bas
Qu'on se croit tout en haut. S'immerger dans l'ailleurs
Chanteur, pour transpercer et son âme et son coeur.
        Il faut de la recherche !

Inventez ! Posez un Dieu dans un grain de sable,
Et faites du soleil une bille atteignable !
Avec foi, rendez-nous la vie plus agréable !
        Une poésie cherche
        La constante recherche !

Que se passe-t-il ?

La terre accomplit sa révolution.

Pluie de soleil
Nuage de lumière
Neige de chaleur

                       Astre froid
                       Rayons humides

Erreur météorologique
Cercle tragique

                       Tout est déréglé
                       Dans un tourbillon
D'idées.

Le poète, sous la nuit si pesante,
Joue ses sens sur un petit coup de dés.
Avant la journée chaude et écrasante,
Il cherche simplement à s'évader.

Vision étrange

Aiguës,
Pointues,
Crochues,
Les Notes s'élancent maintenant dans le ciel en
lâchant leurs cris stridents.

Criant,
Mordant,
Tuant,
Les Notes barbares débutent leur invasion.

Sueur,
Peur,
Pleurs,
Saisissent les assaillées, le peuple des Etincelles.

De suite,
Fuite,
Poursuite,
Les Etincelles sont rattrapées, lacérées et éventrées
par les Notes.

Monstrueuses,
Ténébreuses,
Victorieuses,
Les Notes partent dans la nuit complice en gloussant,
laissant derrière elles un charnier, intense brasier.

Le fait humain

Angoissé, l'homme scrute l'horizon,
Car il sait qu'il y a un secret,
Un trésor caché dans un coffre
Qui le calmera de ses peines.
Il le recherche avec hardeur,
Il débroussaille les forêts,
Il creuse les sols de ses mains,
Il gratte la terre avec ses ongles
Jusqu'à ce qu'ils soient brisés et en sang.

Une fois le coffre trouvé,
Le corps est éreinté, et l'homme
Ouvre la relique et se penche
Dessus: il n'y a qu'un miroir
Qui lui renvoie son effroyable
Regard.

UN CRUCIFIX

J'ai de la chance, la classe est bien positionnée: le mur du tableau noir est situé en direction du nord et les trois autres parois comportent de grandes vitres qui laissent filtrer le soleil du matin au soir.

L'établissement étant catholique, il y a quelques objets religieux dans chaque pièce. Dans la mienne, c'est un vieux crucifix placé bien au-dessus du tableau; il a l'air solitaire au milieu de l'étendue immaculée de la cloison. Mais à quoi sert-il vraiment? Est-il là pour redonner du courage aux quelques élèves qui ont la foi lorsqu'ils voudraient baisser les bras? Ou est-ce juste le symbole un peu vieilli d'une époque assez proche?

Ce n'est rien de tout cela, car plus personne ne pense à lui, il a été oublié dans les hautes sphères, proche du plafond, pour devenir l'esclave de l'inutilité.

Sauf pour moi : ce crucifix me sert de cadran solaire. Le matin, son ombre est à sa gauche, rapetissant au fur et à mesure que le temps passe; l'après-midi elle est à sa droite, grandissant de plus en plus par rapport à la trajectoire du soleil vers l'Ouest.

C'est ainsi que tous les jours en début de soirée, un Dieu sous la forme de la souffrance humaine, m'indique l'heure où je serai enfin libéré de mon ennui.

Une ombre veut jouer avec une lumière,
Mais la lumière a peur et se cache dans la mer.
C'est en disparaissant ainsi que sa compagne
S'étend, mettant son beau voile sur les montagnes.
Ce jeu si étrange pèse sur mes paupières:
Un trou apparaît, je tombe comme une pierre.

La nue, immense, envahissante, recouvre son champ de vision. Elle l'emporte loin, très loin, là où tous les songes enfantins se rencontrent dans le duvet gris. Il se sent léger, sans soucis, est-ce donc cela la vie ?

Soudain, des lignes transparentes transpercent, traversent la nue, formant des petits visages aux traits légers. Apparaît aussi une nymphe, entourée d'un cortège de petits chanteurs ailés. Seraient-ce de jeunes mésanges ?

. . . Petit homme, ne perd pas cette qualité si rare en vieillissant; il te faut si peu pour t'évader, rien qu'une vitre, ton souffle et ton doigt frêle qui dessine dans la buée.

Sonorités

Tacayéto

Layéco
Émoé
Layéco
Oméyo

Éyoquémé

Tiabayé
Léyété
Bayéco
Mayété
Ticoyo

Éyoquémé

Licaté
Mayéto
Licaté
Omayé

Tacayéto

Un clochard

J'suis pauvre et en haillons, vl'à pourquoi j'tends la main,
Tout ça pour quelques pièces et pour pas avoir faim.
On peut pas vivr' comm' certains l'dis' par la pensée,
Surtout quand on vit comm' moi sur la froid' chaussée.

J'suis pauvre et en haillons, vl'à pourquoi j'tends la main,
Tout ça pour quelques pièces et pour pas avoir faim.
Chaqu' jour qui passe c'est toujours la même tâche,
Et c'est dur' même si on nous prend pour des lâches.

J'suis pauvre et en haillons, vl'à pourquoi j'tends la main,
Tout ça pour du pain et aussi un peu de vin.
Ça réchauff' le vin et ça fait passer la nuit,
Et ça fait oublier qu'on est au fond du puit.

J'suis pauvre et en haillons, vl'à pourquoi j'tends la main,
Tout ça pour quelques pièces et pour pas avoir faim,
Tout ça pour du pain et aussi un peu de vin.
J'suis pauvre et en haillons, vl'à pourquoi j'tends la main.

Désordre

Pourquoi ? Pourquoi ? Pourquoi moi ?
Ce soir là, mon coeur était sur le toit
Comme un chat de gouttière, triste et désolé.
Il ne pouvait rigoler,
Il ne savait que sangloter.

Trop souvent seul, l'homme se perd dans sa tête.
Depuis un balcon grinçant, il regarde la création
D'un capharnaüm, de Son capharnaüm.
Il le voit, il le vit,
Il meurt lentement par la pensée,
Par sa propre pensée, tout affolée,
Qui s'active à empoisonner

L'air   Les sons
La vue   Les goûts.

Le touché même devient affreux.
Et pourtant, vu de l'extérieur, cela n'est pas réel.
Et pourtant, la tête, sa tête est un capharnaüm.
Où est-ce la mienne ?

Pourquoi ? Pourquoi ? Pourquoi moi ?
Ce soir là, mon coeur était sur le toit
Comme un chat de gouttière, triste et désolé.
Il ne pouvait rigoler,
Il ne savait que sangloter.

Proche de moi   tu es un

Dragon tranquille
couché dans un pré
se dorlotant au soleil

Loin de moi tu es une

Larme de saule pleureur
qui tombe mais n'est pas perdue
Imbibée par le sol
                              elle retrouve
                                        Le Chemin
                         des Racines
Patience
Belle dragonnette
Qui sans aucun soucis
Voudrait ronronner en ma présence
Patience

Dans les moments difficiles il faut être comme

Le roseau   qui se plie   pour ne pas casser
         Courageux   face au vent   comme une branche

Après la tempête   Initiale
                  Il retrouve   Sa Position
                         toujours

Droit comme un tournesol en début d'après-midi s'ouvrant
tout grand à l'offrande solaire

Alors ne désespère pas et devient souple comme le roseau
Pour que les bourrasques ne t'abîment point
Pour que le vent ne te brise l'échine Patience
Le temps viendra où nous serons à nouveau réunis

Deux roseaux partageant amoureusement le même
coin d'eau

Visage
        Perdu
                        Dans le ramage chatoyant
Rivage
        Étendu
                        Sur le linge verdoyant
Palpitant
        Battement
                        Étincelant papillon
Souscrire
        Au sourire du soir

                        À la caresse du matin

Il y a   h et H
        simple histoire et Histoire
        l'une à ma portée, gestes dérisoires, vagues débattements
        l'autre qui nous emporte, Rouleau déferlant, Poussière
        écumesque

Pression océanique sur les côtes
Chappe atmosphérique Que de hics pouvant être catastrophiques

Qu'on le veuille ou non la Vie entre et sort, double mouvement du
souffle

Le cheveux pousse, le bourdon bourgeonne
Le pousse s'échevelle, le bourgeon bourdonne

La vie

Griffonesque grillon Vermillion pignon
Merveilleux griffons Grillons les pignons

La vie

Prenons-la et respirons ensemble l'air qu'il y a entre le battement
d'ailes d'un papillon
Pulvérisons-nous dans le spacieux silence qui interstice le grelot des
grillons
Écrivons les quelques lignes de notre conte parmi le pagique océan
du grand Conte.

Perdons-nous ensemble dans les pages océaniques du grand Conte

MODE D'EMPLOI

Prenez-moi, pliez-moi et mettez-moi au loin
Dans une petite boîte à musique.

Tournez gentiment la manivelle avec soin
Pour ne pas trop me donner la tournique.

Puis lâchez, la mécanique fera le reste;
Vous serez débarrassé de la peste:

Je serai éparpillé dans la mélodie,
Pluie de notes, étrange maladie.

www.ingramcontent.com/pod-product-compliance
Lightning Source LLC
Chambersburg PA
CBHW070533030426
42337CB00016B/2186